Martin Polifke

Browserbetreiber - Große Geschäftsmodellanalyse

GRIN Verlag

Bibliografische Information der Deutschen Nationalbibliothek:

Die Deutsche Bibliothek verzeichnet diese Publikation in der Deutschen National-
bibliografie; detaillierte bibliografische Daten sind im Internet über http://dnb.d-
nb.de/ abrufbar.

Impressum:

Copyright © 2007 GRIN Verlag GmbH
Druck und Bindung: Books on Demand GmbH, Norderstedt Germany
ISBN: 978-3-656-02932-8

Dieses Buch bei GRIN:

http://www.grin.com/de/e-book/72937/browserbetreiber-grosse-geschaeftsmodell-
analyse

Fachhochschule Dortmund
University of Applied Sciences

Fachbereich Wirtschaft

Browserbetreiber
Große Geschäftsmodellanalyse

Projektarbeit

von

Martin Polifke

Wintersemester 06/07

Inhaltsverzeichnis

Abbildungsverzeichnis

Tabellenverzeichnis

Abkürzungsverzeichnis

Einleitung

„Die größte Gefahr für unser Geschäft ist, daß ein Tüftler irgendetwas erfindet, was die Regeln in unserer Branche vollkommen verändert, genauso, wie Michael und ich es getan haben."

Bill Gates (*1955), amerik. Software-Unternehmer, Gründer u. b. 2000 Chairman "Microsoft" Corp.

Das Internet bietet derzeit einen extrem dynamischen Markt für Unternehmen des E-Commerce und des E-Business. Das Zitat von Bill Gates zeigt dies sehr deutlich.

Vorab soll daher zur Einordnung ein kurzer geschichtlicher Rückblick die Bedeutung der Softwareanwendung Browser verdeutlichen.

1. Geschichtliche Einführung

Wie alle großen Erfindungen der Menschheit, basiert das Internet ebenfalls auf militärische Intentionen. In den 50er Jahren des zwanzigsten Jahrhunderts sollte von der US-Regierung ein, im Kriegsfall ausfallsicheres Kommunikationsnetz aufgebaut werden. Die Basis dazu stellt die Zerlegung der Daten in einzelne Pakete, die über ein Netzwerk zum Empfänger gesendet und dort in der richtigen Reihenfolge wieder zusammengesetzt werden.[1]

Erstmals 1969 vernetzten sich die Universitäten Stanford, Los Angeles, Santa Barbara und Salt Lake City zum ARPANET. Zu Beginn des Projektes umfasste das ARPANET 40 Computer. In den folgenden Jahren wurde es für andere Universitäten freigegeben und diente der Forschung als Möglichkeit zum Informationsaustausch. Aus diesem Grund wurde der Militärische Teil des ARPANET ausgegliedert und wurde 1983 zum MILNET – das akademische Netz wurde 1985 zum NSFNET, das durch die National Science Foundation zu einem offenen Netzwerk für alle Ausbildungs- und Forschungseinrichtungen ausgebaut wurde. Diese Entwicklung führte 1990 zur Auflösung des ARPANET, woraus die Verbindung von NSFNET und dem europäischen Netzwerk unter dem Namen Internet entstand.[2]

Im Jahr 1992 wurde die wichtigste Entwicklung in der bisherigen Geschichte des Internets vollzogen – das World Wide Web wurde als Multimediakomponente in schweizerischen Kernforschungszentrum Cern entwickelte, welches ein hypertextbasiertes Informationssystem darstellt. Die dabei entwickelte Hypertext-Markup-Language (HTML) erlaubt es, Dokumente zu systematisieren und zu visualisieren.[3]

Die ursprüngliche Idee basiert auf dem Client-Server-Modell. Das aufgerufene HTML Dokument wird auf dem Client Computer im Webbrowser aufbereitet und angezeigt – also visualisiert. Dabei können multimediale Elemente wie Texte, Bilder, Audio und Videodaten im Browser angezeigt bzw. ausgegeben werden.[4]

Besonders das Arbeiten mit sogenannten WYSIWYG-Editoren zur Erstellung von Webdokumenten nehmen das Eingeben der HTML-Befehle ab – somit wird das erstellen von Dokumenten im WWW auch für Leihen enorm erleichtert. Anhand dieser technischen Neuerung kann das Ausmaß dieser Entwicklung leicht erkannt werden; wo in den 80er Jahren in Deutschland nur wenigen Interessierten die Möglich-

---

[1] vgl. Wirtz, B., Electronic Business, in Gabler Verlag, Wiesbaden, 2. Auflage, 2001, S. 602
[2] ebenda, S. 603
[3] vgl. Wirtz, a.a.O., S. 603
[4] vgl. Abts, A. et al., Grundkurs Wirtschaftsinformatik, in Vieweg, Braunschweig, 4. Auflage, 2002, S.115

keit gegeben war, komplizierte BTX Ausgabedokumente zu erstellen, hat sich nun ein Zugang für jeden Computernutzer ohne finanzielle Restriktionen sowie Kenntnisbarrieren eröffnet.[5]

Der erster revolutionäre Browser, der zur Umsetzung der Hypertext-Markup-Language angeboten wurde, war Mosaic vom National Center for Supercomputer Applications (NCSA) der Universität von Illinois. Das Team am NCSA wurde von Eric Bina und Marc Andreessen geleitet. Vor dem Mosaic gab es bereits den Ur-Browser von Tim Berners-Lee und den populären Viola Browser, jedoch konnte nur der Mosaic Browser Bild und Text gleichzeitig anzeigen. Die älteren Browser zeigten nur das Bild an, wenn auf den entsprechenden Verweis geklickt wurde – der Mosaic Browser führte am 21. April 1993 das Internet in unserer heute bekannten Form ein.[6]

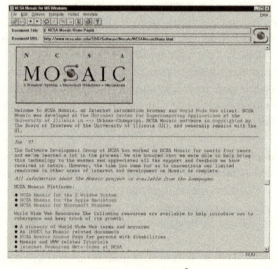

Abbildung 1: Mosaic 1.0[7]

[5] vgl. Computerclub:², http://www.cczwei.de/archiv.php, Sendung vom 30.10.2006, Stand 11.11.2003
[6] vgl. c´t, Das erste Steinchen, http://www.heise.de/ct/03/10/064/, Stand 11.11.2006

[7] vgl. NCSA, Images, http://www.ncsa.uiuc.edu/News/Images/, Stand 15.11.2006

2. Themenabgrenzung

Die Geschichte des Internets zeigt uns heute, das der Browser als Schlüssel zur Nutzung des Internets den Durchbruch in der multimedialen Form des Netzes der Netze gebracht hat. Allerdings hat sich das Angebot der verschiedenen Browserbetreiber über die Jahre oft extrem verändert und neue Formen der Geschäftsmodelle hervorgebracht.

Diese Arbeit wird sich mit der Analyse der Geschäftsmodelle der Browserbetreiber und der vorangegangen Entwicklungen beschäftigen. Aufgrund des enormen Umfangs und der Tiefe des Themas sollen die fünf wichtigsten Browserbetreiber in groben Zügen beschrieben und die wesentlichen Erfolgsfaktoren anhand der einzelnen und relevanten Modelle aufgezeigt werden.

3. Gang der Untersuchung

Als Grundlage der Untersuchung soll die Definition des Geschäftsmodells von Paul Timmers herangezogen werden. Timmers definierte das „Geschäftsmodell" (Business Model) wie folgt:

„A business model is defined as the organization (or 'architecture') of product, service and information flows, and the sources of revenues and benefits for suppliers and customers."[8]

Demnach bildet das Geschäftsmodell den Material-, Arbeits- und Informationsfluß innerhalb des Unternehmens ab und zeigt die Flüsse zwischen Unternehmen und Umwelt. Auch die Erlösströme werden laut Timmers als Bestandteil aufgezeigt.[9]

Um die Analyse durchzuführen, wird die Untersuchung auf die Untergliederung des Geschäftsmodells von Bernd W. Wirtz aufbauen. Das Partialmodell von Wirtz untergliedert das Geschäftsmodell in die wesentlichen 6 betriebswirtschaftlichen Teildisziplinen:

Abbildung 2: Partialmodell eines integrierten Geschäftsmodells[10]

Das **Marktmodell** unterscheidet die Akteure auf den Märkten, dabei erfolgt eine Untergliederung in das Wettbewerbsmodell und das Nachfragermodell. Das Wettbewerbsmodell gibt Auskunft über das Wettbewerbsumfeld und zeigt die Determinanten, die Einfluss auf Marktstruktur und Marktverhalten haben. Das Nachfragermodell zeigt die Bedürfnisse der Kunden auf und segmentiert sie in Teilmärkte.[11]

---

[8] vgl. Timmers, P., Electronic Commerce, in John Wiley & Sons, Inc., New York, Reprinted February 2000, S. 31
[9] vgl. Wirtz, a.a.O., S. 210
[10] ebenda, S. 211
[11] ebenda, S. 211

Das **Beschaffungsmodell** zeigt die Art und die Menge der Inputfaktoren sowie die Lieferanten auf. Da sich Browserbetreibern mit der Erstellung von digitalen Gütern[12] beschäftigen und kaum physikalische Mittel benötigen, soll dieser Punkt nicht weiter behandelt werden.[13]

Das **Leistungserstellungsmodell** zeigt die Kombination von Gütern und Dienstleistungen in die Angebotsleistung. Da die erforderlichen Größen (Mitarbeiterzahlen etc.) unter Gliederungspunkt *4.2.2 Wichtige Browserbetreiber* hinreichend erläutert werden, wird auf diesen Abschnitt ebenfalls nicht näher eingegangen.[14]

Die Nachfrager auf den segmentierten Teilmärkten werden im **Leistungsangebotsmodell** auf die entsprechenden Bedürfnisse hin untersucht.[15]

Das **Distributionsmodell** wird der Geschäftsmodellanalyse dazu dienen, Transportwege der digitalen bzw. Semi-digitalen Güter[16] vom Anbieter zum Nachfrager zu beschreiben.[17]

Das **Kapitalmodell** wird im Anschluss untersuchen, wie die Browserbetreiber Erlöse generieren.[18]

---

[12] vgl. Tamm, G., et al, Webbasierte Dienste, Physica-Verlag, Heidelberg, 1. Auflage, 2005, S. 61 ff.
[13] vgl. Wirtz, a.a.O., S. 213
[14] vgl. Wirtz, a.a.O., S. 213
[15] vgl. ebenda, S. 213
[16] vgl. Tamm, a.a.O., S 61
[17] vgl. Wirtz, a.a.O., S. 214
[18] vgl. ebenda, S. 215

4. Das Marktmodell

Im Folgenden soll das Marktmodell die Akteure in das Nachfragermodell und das Wettbewerbsmodell untergliedern.

4.1. Das Nachfragermodell

Da es sich bei der Softwareanwendung Browser um eine zentrale Anwendung zur Nutzung des Internets handelt, gibt es aufgrund der global steigenden Anzahl von Nutzern einen sehr großen Bedarf. Neben der Nutzung des World Wide Web und des Hypertext Transfer Protocols gibt es natürlich noch andere Dienste wie Beispielsweise das File Transfer Protocol (FTP) und das Simple Mail Transfer Protocol (SMTP), für die keine Browseranwendung benötigt wird[19].

Im Jahr 1995 betrug die Nutzeranzahl des Internets ca. 45 Millionen – im Jahr 2006 stieg die Zahl auf über 1 Milliarde Nutzer. Der größte Nutzeranteil verteilt sich auf die Vereinigten Staaten sowie auf China und Japan[20]. Bis zum Jahr 2011 rechnen die Marktforscher mit einem Anstieg auf 2 Milliarden Nutzer.[21]

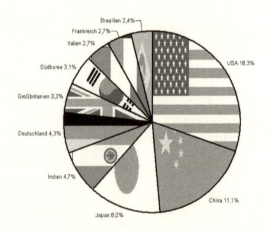

Abbildung 3: Globale Gesamtnutzer des Internet in Prozent[22]

---

[19] vgl. Abts, A., et al., a.a.O., S. 114 ff
[20] vgl ECIN, Internet-Nutzer weltweit, http://www.ecin.de/news/2006/01/09/09064/?rcol, Stand 28.12.2006
[21] ebenda, Stand 28.12.2006
[22] vgl ECIN, Internet-Nutzer weltweit, http://www.ecin.de/news/2006/01/09/09064/?rcol, selbsterstellte grafische Aufbereitung, Stand 28.12.2006

Die Verteilung der europäischen Browsernutzer weist einige Besonderheiten auf. So besitzt Deutschland den höchsten absoluten Anteil an Internetanschlüssen jedoch nicht den höchsten relativen Anteil. Die skandinavischen Ländern sind Führer hinsichtlich der relativen Haushaltsanschlüsse mit dem Internet in Europa. Deutschland liegt mit ca. 50 % weniger Anschlüsse nur im Mittelfeld. Spanien und Frankreich haben im Vergleich mit dem Spitzenreiter Schweden mit 12 % und 11 % rund 36 % weniger Anschlüsse.[23]

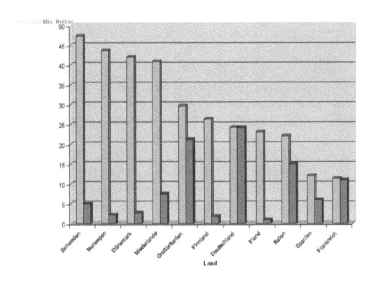

Abbildung 4: Absolute und relative Verteilung der europäischen Internetanschlüsse[24]

Neben den regionalen Merkmalen der Browsernutzer, gibt es noch eine Reihe weiterer Einflussfaktoren, die auf die jeweilige Wahl und Benutzung des Browsers Einfluss haben. Beispielsweise Geschlecht, Alter, Schulbildung und Haushaltseinkommen könnten solche Merkmale sein.[25]

Da aber eine globale Untersuchung den Rahmen dieser Hausarbeit sprengen würde, sollen hier nur die wichtigen regionalen Einflussfaktoren Niederschlag finden. Im Weiteren soll auch eine allgemein gültige Internet-Nutzertypologie von der GfK berücksichtigt werden.

[23] vgl. ECIN, Internetnutzung – ja wo surfen sie denn?, http://www.ecin.de/marktbarometer/internetnutzung/, Stand 28.12.2006

[24] vgl. ECIN, Internetnutzung – ja wo surfen sie denn?, http://www.ecin.de/marktbarometer/internetnutzung/, selbsterstellte grafische Aufbereitung, Stand 28.12.2006
[25] vgl. Fritz, W., Internet-Markting und Electronic Commerce, in Gabler Verlag, 2. Auflage, 2001, S. 80

Zwar kann diese Typologie keine genaue Analyse der Internet-Nutzer bieten, jedoch kann diese Einteilung Tendenzen aufzeigen, die einzelne Browserbetreiber erfolgreich am Markt etablieren.

Die folgende Grafik entspricht der Darstellung von Wolfgang Fritz (Internet-Marketing und Electronic Commerce) wobei die Spalte „Relevanz für E-Commerce" in der nachfolgenden Darstellung ausgespart wurde. Unter Gliederungspunkt 5. *Das Leistungsangebotsmodell* wird diese Klassifizierung angewendet.

Nutzertypen	Profil	Anteil an Gesamtheit der Internetnutzer
Der Profi	30-39 Jahre; hoher Männerantei, hohes Einkommen und hohe formale Bildung	16 %
Der Praktiker	Hohes Bildungs- und Einkommensniveau; 20-49 Jahre, durchschnittlicher Frauenanteil	15 %
Der Gameboy	12-29 Jahre alt, noch in Schule, Ausbildung, Studium; noch geringes Einkommen; intensive Internet Surfer, von Männern dominiert	14 %
Der Kicker	Kommt dem Bevölkerungsdurchschnitt am nächsten; keine erkennbaren Nutzungsschwerpunkte; häufig Web-Neulinge	32 %
Das Cybergirl	Junge Frauen im Berufsleben	7 %
Der Young Professional	Jüngere Nutzer aus allen Bildungsschichten am Anfang ihres Berufslebens, die das Internet vor allem beruflich nutzen und an Qualifizierungs- bzw. Weiterbildungsangeboten interessiert sind	14 %

Tabelle 1: Die Internet-Nutzertypologie der GfK[26]

---

[26] vgl. Fritz, W., a.a.O., S. 84, Orginalquelle: Spohrer/Bronold 2000a, S. 33 ff.)

4.2. Das Wettbewerbsmodell

Das Wettbewerbsmodell soll im Folgenden wichtige Entwicklungen aus der Vergangenheit aufzeigen und die behandelten Browserbetreiber im Profil darstellen.

4.2.1.   Der 1. Browserkrieg

Nachdem der Mosaic Browser veröffentlicht wurde, stiegen die Nutzerzahlen auf 2 Millionen Kopien Ende 1993. Dabei erfolgten regelmäßige Updates in sehr kurzen Abständen. Verbesserungen erfolgten bei den Schaltflächen und insbesondere bei der Integration von Text und Grafik.[27]

Die Universität Illionois verkaufte die Softwarelizenz an die Firma Spyglass, die bereits andere Produkte der NCSA erfolgreich vertrieb sowie an die aus studentischer Initiative entstande Firma Spry.[28]

1994 kaufte Microsoft eine Generallizenz von Spyglass für 2 Millionen Dollar und 98 Cent pro verkaufter Kopie, wobei vertraglich geregelt wurde, dass der Vertrag geheim bleiben musste und keine Information an die Microsoft-Konkurrenz weitergegeben wird.[29]

Die Firma Mosaic Communication, deren Leiter der ehemalige Universitätsprofessor[30] Jim Clark war, stellte Marc Andreessen als Junior Chef ein. Die Firma Mosaic Communication brachte 1995 unter der neuen Firmierung Netscape sowie dem sehr erfolgreichen Börsengang den 29. Browser auf Mosaic-Basis unter dem Namen Netscape Navigator auf den Markt.[31]

Der neue Browser erschien im Juli 1995 nach den HTML 2.0 Spezifikationen in der Version 1.2 für Windows 95. Im Oktober wurde die Version 2.0 zum Verkauf angeboten, die die Frame-Technik einführte. Neben der neuen „Mehrfenstertechnik" wurde auch die Programmiersprache Java Script zur Darstellung interaktiver Elemente erstmals eingesetzt – eine Neuerung, die den Webdesignern neue Möglichkeiten an die Hand gab.[32]

---

[27] vgl. heise online, 10 Jahre Mosaic, http://www.heise.de/newsticker/meldung/41870, Stand 29.11.2006
[28] ebenda, Stand 29.11.2006
[29] vgl. heise online, 10 Jahre Mosaic, http://www.heise.de/newsticker/meldung/41870, Stand 29.11.2006
[30] vgl. Quittner, J. et al, Speeding the Net, The Orion Publishing Group, 1. Auflage, 1998, S. 83
[31] vgl. heise online, 10 Jahre Mosaic, http://www.heise.de/newsticker/meldung/41870, Stand 29.11.2006
[32] vgl. FR 5.6 Informationswissenschaften, Browserkrieg – Microsoft gegen Netscape, http://server02.is.uni-sb.de/courses/ident/kontroverses/browserkrieg/, Stand 02.12.2006

Der Netscape Navigator wurde mit 10 Millionen verkauften Exemplaren sehr erfolgreich und erreichte 1996 schließlich einen Marktanteil von 86 %.[33]

Microsoft beobachtete den großen Erfolg von Netscape und strebte für die Zukunft eine ähnlich dominierende Stellung auf dem Browsermarkt an, wie es Microsoft mit den angebotenen Betriebssystemen gelungen ist. Im August 1995 veröffentlichte Microsoft den Internet Explorer 1.0. Bill Gates kündigte in der so genannten Pearl Harbor Day Rede am 7. Dezember 1995 die nächste Version des Internet Explorers als kostenlosen Browser an, der mit der Lizenz von Sun ebenfalls über die Java-Script Programmiersprache verfügen sollte. Der abgeschlossene Vertrag mit Spyglass erlaubte außerdem den Zugriff auf den Mosaic Programmiercode, mit dessen Hilfe Betriebssysteme wie Windows 3.1 und Macintosh-Rechner mit dem neuen Browser ausgestattet werden konnten.[34]

Zu diesem Zeitpunkt war der Internet Explorer 1.0 der technisch schwächere Browser und dem Netscape Navigator in jeder Hinsicht unterlegen.[35]

Im August 1996 veröffentlichte Netscape den Navigator 3.0, der technische Neuerungen wie das Einbinden von PlugIns erlaubte. Mit diesen PlugIns konnten nun auch Videos über die Darstellung von Webseiten angezeigt werden. Eine weitere Innovation war die Erweiterung des betagten HTML 2.0 Standards, das den Umgang mit HTML bei der Erstellung vereinfachte. Zeitgleich veröffentlichte auch Microsoft seinen Internet Explorer in der Version 3.0. Mit dieser Softwareversion gelang es Microsoft nun, technisch mit dem Navigator 3.0 aufzuschließen. Einer der entscheidenen Vorteile von Microsoft war es, den neuen Browser kostenlos anzubieten. Außerdem vertrieb Microsoft den Browser mit fast allen anderen Produkten wie dem Office Paket und Windows 95. Allerdings wurde die feste Verbindung mit dem Betriebssystem Windows 95 nach einer Klage von Netscape gerichtlich untersagt.[36]

Netscape hingegen wurde anfangs von Compaq unterstützt, wobei die Modellreihe „Presario" seit 1995 mit dem vorinstallierten Navigator Browser ausgestattet wurde. Die Modellreihe Presario stellte seit 1993 das erfolgreichste Produkt von Compaq dar und sollte in Verbindung mit dem bisher erfolgreichen Netscape Browser ein unkompliziertes und schnell einzurichtendes System darstellen. Auf den Compaq Computern war das Windows Betriebssystem vorinstalliert, wobei das Internet Explorer Icon durch das Netscape-Browser-Icon ersetzt worden ist. Microsoft bemängelte diese Tatsache und verlangte von Compaq, das Internet- Explorer-Icon wieder vor-

[33] vgl. heise online, 10 Jahre Mosaic, http://www.heise.de/newsticker/meldung/41870, Stand 29.11.2006
[34] vgl. Quittner, J. et al, a.a.O., S. 83
[35] vgl. FR 5.6 Informationswissenschaften, Browserkrieg – Microsoft gegen Netscape, http://server02.is.unisb.de/courses/ident/kontroverses/browserkrieg/, Stand 02.12.2006
[36] vgl. FR 5.6 Informationswissenschaften, Browserkrieg – Microsoft gegen Netscape, http://server02.is.unisb.de/courses/ident/kontroverses/browserkrieg/, Stand 02.12.2006

zuinstallieren. Da das Microsoft Betriebssystem einen Standard auf dem Markt darstellte, konnte Microsoft seine Interessen durch die vorherrschende Stellung in diesem Bereich durchsetzen. Compaq lieferte nach diesem Vorfall beide Browser mit der Verlinkung auf die Icons auf den Presario Rechnern aus.[37]

Mike Homer sagte zu diesem Vorfall: *„Microsoft took their strongest weapon – the monopoly over the operating system – and tied Internet Explorer to it[38]"*.

Mit dem neuen Internet Explorer 3.0 erhöhte sich auch die Differenzierung von HTML Befehlen und die Kompatibilität der Webseiten zu den Browsern strebte auseinander. Einige HTML Befehle konnte also nur mit dem Internet Explorer richtig dargestellt werden. Netscape hingegen präsentierte im Sommer 1997 seinen neuen Browser, der nun auch Cascading Style Sheets (CSS) interpretieren konnte. Mit dem neuen Betriebssystem Windows 98 war Microsoft nun in der Lage, den Gerichtsbeschluss, der durch Netscape erwirkt wurde, zu umgehen. Der neue Internet Explorer 4.0, der im Herbst 1997 veröffentlicht wurde, war durch die bessere Unterstützung von HTML 4.0, dem schnellen Einsatz von Java Script und die bessere CSS Interpretation in der besseren technischen Ausgangslage. Allerdings erhöhte sich die Inkompatibilität von Webseiten auf den unterschiedlichen Browsern noch weiter, da Microsoft im neuen Release weitere browserspezifische Befehle eingeführt hatte. Durch die Einbindung in Windows 98 erhöhte sich der Marktanteil vom Internet Explorer auf 50 %.[39]

Microsoft veröffentlichte 1999 den innovativen Internet Explorer 5.0, der zum einen schneller als die Vorgängerversion war und zum anderen fast vollständig HTML 4.0 und CSS unterstützte. Aufgrund des technischen Vorsprungs von Microsoft, musste Netscape aufgeben und gab den Programmcode des Navigators frei. Somit war der Code für Programmierer aus aller Welt verfügbar – das neue Projekt trägt den Namen Mozilla.[40] Netscape wurde 1998 an den Provider AOL verkauft.[41]

Der bis dahin bekannte Netscape Navigator trug unter dem neuen Firmendach von AOL mit der Version 6 den Namen Netscape 6. Die Bezeichnung Navigator wurde durch AOL fallengelassen, auch die Browserengine basierte nicht mehr auf dem alten Navigator Code sondern auf Gecko.[42]

---

[37] vgl. Quittner, et.al, a.a.O., S. 265 ff.
[38] ebenda, S. 268

[39] vgl. FR 5.6 Informationswissenschaften, Browserkrieg – Microsoft gegen Netscape, http://server02.is.uni-sb.de/courses/ident/kontroverses/browserkrieg/, Stand 02.12.2006
[40] ebenda, Stand 02.12.2006
[41] vgl. heise online, Websuite Netscape 7.2 zum Download freigegeben, http://www.heise.de/newsticker/meldung/50131, Stand 13.12.2006
[42] vgl. Reichwein, T., Netscape 6, SmartBooks Publishing AG, 1. Auflage, 2001, S. 22

4.2.2. Wichtige Browserbetreiber

Im Weiteren sollen die Betreiber des Internet Explorer, des Netscape, des Firefox, des Opera-Browser und der Safari-Browser näher erläutert werden. Um eine Übersicht zu geben, soll das folgende Diagramm verdeutlichen, wie sich die Marktanteile der Browser in den Jahren von 2000 bis 2006 entwickelt haben. Das Diagramm gibt die globalen Nutzeranteile wieder, wobei die Zahlen von der Webseite „thecounter.com" erhoben wurden. Fehlende Aufzeichnungen von Juli 2003 bis März 2004 sowie im Oktober 2006 wurden vom Autoren dieser Arbeit durch das statistische Verfahren der gleitenden Durchschnitte fünfter Ordnung[43] bereinigt.

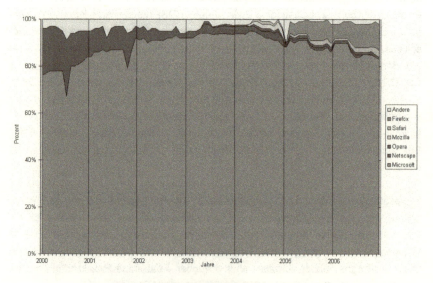

Abbildung 5: Globale Marktanteile der Browserbetreiber[44]

4.2.2.1. Profil Microsoft Internet Explorer

Aus der *Abbildung 5: Globale Marktanteile der Browserbetreiber* kann leicht abgelesen werden, das Microsoft mit dem Internet Explorer seit dem Ende des ersten Browserkriegs (siehe *4.2.1. Der 1. Browserkrieg*), weiterhin Anteile von AOL´s Netscape Navigator abgezogen hat. Im Mai 2004 erreichte der Internet Explorer einen Marktanteil von 95 %, dem höchsten erreichten Wert von Microsoft[45]. Zwar hat

---

[43] vgl. Laufner, W, Beschreibende Statistik, Vorlesungsskript WS 2003, Modul 13, S. 7
[44] vgl. Thecounter.com, Global Stats, http://www.thecounter.com/stats/, selbsterstellte grafische Aufbereitung, Stand 11.12.2006
[45] vgl. Thecounter.com, Browser Stats, http://www.thecounter.com/stats/2004/May/browser.php, Stand 11.12.2006

Microsoft im Vergleich zu 2004, 12 Prozentpunkte verloren, dennoch kann die Stellung von Microsoft auf dem Browsermarkt als Vorherrschaftsstellung bezeichnet werden.

Microsoft wurde im Jahr 1975 von William H. Gates III und seinem langjährigen Freund Paul Allen gegründet.[46] Vorrangiges bestreben von Gates und Allen war es, Software für die immer populärer werdenden Desktop PC´s zu entwickeln.[47]
Bereits 1986 verlegte Microsoft den Firmensitz an den Campus nach Redmond im US-Bundesstaat Washington. Im gleichen Jahr firmierte Microsoft zur Corporation und gab die ersten Aktien unter der Nasdaq Bezeichnung „MSFT" aus.[48]

Das heutige Microsoft Geschäft entwickelt und vertreibt Betriebssysteme (die bekannte Windows Client Software), Anwendungsprogramme wie z.B. die Microsoft Office, Server und entsprechende Tools, Anwendungssoftware für Unternehmen, wie beispielsweise Navision, webbasierte Software wie MSN, Software für mobile Endgeräte sowie Unterhaltungshard- bzw. Software mit der Xbox.[49]

Das Unternehmen beschäftigt heute weltweit 63.564 Mitarbeiter und erwirtschaftete im Wirtschaftsjahr 2005 ein Nettoertrag von 39,79 Billionen US $. Das Nettoeinkommen betrug 12,25 Billionen US $.[50]

4.2.2.2. Profil Netscape Navigator

Nach dem Kauf des Netscape Navigators durch den Medien und Online Konzern AOL, führte das Unternehmen in der Netscape Kartellrechtsklage ein Verfahren gegen Microsoft. Diese Klage beinhaltete die Ausnutzung und Koppelung des Microsoft Internet Explorers mit den Windows Betriebssystemen während des ersten Browserkrieges, durch das die Firma Netscape erheblich geschädigt wurde.[51]

---

[46] vgl. Verfasser unbekannt, Information for Students, Fast Facts
(Verfügbar auf: http://www.microsoft.com/about/companyinformation/visitorcenter/student.mspx, Stand 13.12.2006)
[47] vgl. Verfasser unbekannt, Information for Students, Biography: William H. Gates, Chairman and Chief Software Architect
(Verfügbar auf: http://www.microsoft.com/about/companyinformation/visitorcenter/student.mspx, Stand 13.12.2006)
[48] vgl. Verfasser unbekannt, Information for Students, Fast Facts
(Verfügbar auf: http://www.microsoft.com/about/companyinformation/visitorcenter/student.mspx, Stand 13.12.2006)
[49] vgl. Verfasser unbekannt, Information for Students, Fast Facts
(Verfügbar auf: http://www.microsoft.com/about/companyinformation/visitorcenter/student.mspx, Stand 13.12.2006)
[50] vgl. Verfasser unbekannt, Information for Students, Fast Facts
(Verfügbar auf: http://www.microsoft.com/about/companyinformation/visitorcenter/student.mspx, Stand 13.12.2006)
[51] vgl. Heise online, Microsoft von AOL verklagt, http://www.heise.de/newsticker/meldung/24214, Stand 13.12.2006

Um das Verfahren außergerichtlich abzuschließen, zahlte Microsoft im Jahr 2003 eine Summe von 750 Millionen US $ an AOL. Mit dieser Zahlung wurde auch die lizensierte Nutzung der Internet Explorer Browsing-Technologie für 7 Jahre abgegeben. Beide Unternehmen verfolgten mit Abschluss des Prozesses auch eine bessere gemeinsame Zusammenarbeit in der Zukunft.[52]

Mit dem Ende des Rechtsstreites endete auch die Entwicklung am Netscape vorerst[53]. Aber schon im Jahr 2004 veröffentlichte Netscape, trotz der vielen Entlassungen im Bereich der Browser-Entwicklung[54], den Netscape 7.2 mit einigen Neuerungen[55]. Der Programmcode des Browser basierte dabei auf der Mozilla-Version 1.7.2.[56]

Im Dezember 2006 liegt der Netscape in der Version 8.1.2 in englischer Sprache vor, dabei bietet der Browser einige neue Gimmicks, wie beispielsweise einige Sicherheitstools und das beliebte Tabbed Browsing.[57]

Da der Netscape momentan jedoch einen Marktanteil von unter 1 % hat, kann man heute nicht mehr von einem verbreiteten jedoch einem bekannten Browser sprechen. Die ausgeführten Fakten sollen an dieser Stelle die Entwicklung des Browsers widerspiegeln und den Verlauf abrunden, da es sich hierbei einst um den erfolgreichsten Browser nach dem Mosaic gehandelt hat. Auch der Quellcode des Firefox ging nach dem Browserkrieg aus dem Netscape Navigator hervor (siehe *4.2.1. Der 1. Browserkrieg*). Im Folgenden soll nur noch ansatzweise der Netscape in die Analyse einbezogen werden.

4.2.2.3. Profil Mozilla Firefox

Die Mozilla Foundation wurde im Juli 2003 als eine nicht auf Gewinn ausgerichtete Gesellschaft gegründet und hat ihren Hauptfirmensitz in Californien. Am 3. Juli 2005 firmierte die Stiftung zur Mozilla Corporation, die ab diesem Zeitpunkt kommerziell tätig und steuerpflichtig wurde. Die gegründete Mozilla Corporation soll durch finan-

---

[52] vgl. heise online, Microsoft zahlt 750 Millionen US-Dollar an AOL Time Warner, http://www.heise.de/newsticker/result.xhtml?url=/newsticker/data/anw-30.05.03-000/default.shtml&words=AOL%20Microsoft%20750, Stand 13.12.2006

[53] vgl. Anleitung für Mozilla Firefox & Thunderbird, http://mozilla-anleitung.de/Mozilla/Allgemeines.php, Stand 13.12.2006
[54] vgl. heise online, Auferstanden: Netscape 7.2 in den Startlöchern, http://www.heise.de/newsticker/meldung/46599, Stand 13.12.2006
[55] vgl. heise online, Websuite Netscape 7.2 zum Download freigegeben, http://www.heise.de/newsticker/meldung/50131, Stand 13.12.2006
[56] vgl. heise online, Websuite Netscape 7.2 zum Download freigegeben, http://www.heise.de/newsticker/meldung/50131, Stand 13.12.2006
[57] vgl. Netscape, Netscape 8.1.2 Product Info, http://browser.netscape.com/ns8/product/default.jsp, Stand 16.12.2006

zielle Unterstützung weitere Entwicklungen des Firefox Browsers und des E-Mail Client Programms Thunderbird ermöglichen.[58]

Die Stiftung hat sich das Ziel gesetzt, eine Alternative zum Internet Explorer und der damit einhergehenden Monopolisierung von Microsoft zu bieten und Innovationen weiter zu entwickeln.[59]

Dabei beruht der einst von Netscape freigegebene Code auf der freien Verfügbarkeit und Veränderbarkeit des Programms. Der Aufsichtsrat von Mozilla wird durch die Juristin und Chief Lizard Wrangler (Oberste Eidechsen-Bändigerin – dieser Titel wird offiziell bei Mozilla benutzt) Mitchell Baker geleitet. Mitchell Baker sagte in einem Interview das das Ziel von Mozilla die Organisation der großen internationalen Entwickler-Gemeinschaft ist. Die ehrenamtlichen Entwickler und Programmierer arbeiten ohne Vergütung um die Innovationen des Firefox Browsers voran zu treiben.[60]

Die Entwicklergemeinschaft besteht aus 800 Programmierern sowie einigen tausend Testern und Designern, die unentgeltlich am Firefox Browser mitwirken.[61] Lediglich 12 festangestellte Programmierer arbeiteten 2004 am Browser.[62]

Im Jahr 2006 stieg die Zahl der Festangestellten auf 50 Mitarbeiter an.[63]

Neben dem Firefox wird außerdem die SeaMonkey Suite von Mozilla unterstützt und auf der Webseite zum download angeboten. Der Browser basiert auf der gleichen Engine wie der Firefox 1.5 und beinhaltet einen Mail- und Chat-Client sowie einen WYSIWYG Editor. Allerdings arbeitet ein anderes Entwickler-Team an der SeaMonkey Suite und richtet sich aufgrund des klassischen Netscape 4 Designs an die Nutzer des Netscape Navigators.[64]

4.2.2.4. Profil Opera Software ASA

Der Opera Browser wurde bereits 1994 von den Mitarbeitern Jon S. von Tetzchner and Geir Ivarsøy im Auftrag der norwegischen Telekommunikationsfirma Telenor

---

[58] vgl. mozilla.org, MOZILLA.ORG ANNOUNCES LAUNCH OF THE MOZILLA FOUNDATION TO LEAD OPEN-SOURCE BROWSER EFFORTS, http://www.mozilla.org/press/mozilla-foundation.html, Stand 16.12.2006
[59] vgl. mozilla.org, About the Mozilla Foundation, http://www.mozilla.org/foundation/, Stand 16.12.2006
[60] vgl. Waldenmaier, N., Focus online, „Microsoft soll uns kopieren",
http://www.focus.de/digital/netguide/firefox_nid_31591.html, Stand 16.12.2006
[61] vgl. mozilla.org, Mozilla Fast Facts, http://www.mozilla.org/about/fast-facts, Stand 19.12.2006
[62] vgl. FAZ, Mozilla-Stiftung fordert Microsoft, heraush-ttp://www.faz.net/s/RubEC1ACFE1EE274C81BCD3621EF555C83C/Doc~E5BC4D00E443642AA9C091A0AF CF0F007~ATpl~Ecommon~Scontent.html, Stand 19.12.2006
[63] vgl. Waldenmaier, N., Focus online, „Microsoft soll uns kopieren"
,http://www.focus.de/digital/netguide/firefox_nid_31591.html, Stand 16.12.2006
[64] vgl. Bager, J., Browser-Dämmerung, in c´t, 20.02.2006, S. 50-52

entwickelt. Schon 1995 wurde das Opera Browserprojekt ausgegliedert und das Tochterunternehmen Opera Software ASA gegründet.[65]

Das Unternehmen wird von Jon S. von Tetzchner als Generaldirektor sowie dem technischen Direktor Håkon Wium Lie, dem Handelsdirektor Rolf Assev und dem Finanzdirektor Erik C. Harrell geleitet.[66]

Der Hauptfirmensitz von Opera Software ASA befindet sich in Norwegens Hauptstadt Oslo. Im Jahr 2004 gab das Unternehmen auch zum ersten mal an der Osloer Börse Aktien aus.[67]

Heute arbeiten rund 340 Mitarbeiter für das skandinavische Unternehmen, wobei neben dem norwegischen Hauptsitz Nebenstellen in Schweden, den USA, Japan, China, Südkorea und Indien existieren.[68]

Das Unternehmensziel liegt laut Opera in der Entwicklung von plattformübergreifender Browsersoftware, das dem Kunden eine schnelle, stabile und flexible Internetnutzung ermöglichen soll. Des Weiteren liegt der Fokus neben der plattformübergreifenden Software auf der Implementierung des Browsers auf anderen Geräten.

Wie bereits aus der Strategie ersichtlich, bietet Opera den Browser beispielsweise für mobile Endgeräte, TV und Set-Top Boxen, in Verkehrsmittel[69] und der neuen Videospielkonsole Wii und DS von Nintendo an[70].

4.2.2.5. Profil Apple Safari

Apple wurde im Jahr 1976 von Steve Jobs und Steve Wozniak gegründet. Das Unternehmen konzentrierte sich stets auf die Entwicklung von Computern und der eigenen Software. Ähnlich wie beim Browserkrieg dominierte Microsoft auch bei den Betriebssystemen. Apple erreichte mit den Mac Computern einen Marktanteil von weniger als 5 %.[71]

---

[65] vgl. Opera Software, About Opera, http://www.opera.com/company/about/, Stand 29.12.2006
[66] vgl. Opera Software, Executive Team, http://www.opera.com/company/about/executives/, Stand 29.12.2006

[67] vgl. Opera Software, Milestones, http://www.opera.com/company/about/milestones/, Stand 29.12.2006
[68] vgl. Opera Software, Opera Software ASA – Fast Facts, http://www.opera.com/press/facts/, Stand 02.01.2006
[69] vgl. Opera Software, Opera for Devices™, http://www.opera.com/products/devices/, Stand 02.01.2007
[70] vgl. Opera Software, Opera for Nintendo, http://www.opera.com/products/devices/nintendo/, Stand 02.01.2006
[71] vgl. Rüb, C., Glanz in Weiß, in Tomorrow, Juni 2006, S. 47-51

Aufgrund der bereits im Juni 2003 von Microsoft angekündigten Einstellung des Supports für den Internet Explorer für das Mac Betriebssystem, hat Apple einen eigenen Browser auf Open Source Basis entwickelt.[72]

Der eigens entwickelte Safari Browser geht auf dem KHTML Code hervor, auf dem auch der Konqueror von KDE basiert. Apple bietet freiwilligen Programmierern zudem die Mitentwicklung am Browser durch das im Internet angebotene WebKit an.[73]

Da der entwickelte Code für das Mac-Betriebssystem jedoch aufgrund der Apple spezifischen Besonderheiten unbrauchbar für die von den KDE Entwicklern entworfene ursprüngliche KHTML Software und damit auch für den Konqueror ist, stand Apple in der Kritik.[74]

---

[72] vgl. mactopia, Microsoft Internet Explorer for Mac,
http://www.microsoft.com/mac/products/internetexplorer/internetexplorer.aspx?pid=internetexplorer, Stand 24.12.2006
[73] vgl. Developer Connection, Open Source WebKit,
http://developer.apple.com/opensource/internet/webkit.html, Stand 24.12.2006
[74] vgl. Golem, KDE-Entwickler verärgert über Apple, http://www.golem.de/0504/37799.html, Stand 24.12.2006

5. Das Leistungsangebotsmodell

An dieser Stelle sollen die erstellten Leistungen in Form der Browseranwendung mit den Kundenbedürfnissen aus dem Gliederungspunkt *4.1 Das Nachfragermodell* hin überprüft und mögliche Erfolgsfaktoren herausgearbeitet werden. Gegenstand des nachstehenden Vergleichs sind die neuesten Versionen der Browser.

5.1. Leistungsangebot des Internet Explorers

Der Internet Explorer 6 wurde im Jahr 2001 veröffentlicht[75], worauf erst im Jahr 2006 die aktuellste Explorer 7 Version angeboten wurde[76]. Die Version wurde über 5 Jahre durch Patches versorgt, wobei jedoch keine wesentliche Veränderung am Browser vorgenommen wurde[77].

Die neueste Version ersetzt automatisch die Version 6 des Explorers. Die Benutzeroberfläche wurde verändert, wobei Microsoft sich an den anderen Browseroberflächen orientiert hat. Die aktuellste Version wird ausschließlich für Windows XP und für Windows Server 2003 angeboten[78]. Die neuen Funktionen wurden ebenfalls von anderen Browsern wie dem Firefox und dem Opera Browser übernommen, wie auch die Tastaturkommandos. Der Internet Explorer bietet in Punkto Sicherheit jedoch keine erweiterte Konfigurationsmöglichkeit, wie es der Opera Browser tut[79]. Der Internet Explorer schließt funktional auf die anderen Browser auf, bietet aber keine völlig neuen Funktionen an.[80]

Man kann einen wesentlichen Erfolg in den letzten Monaten anderer Browser durchaus an der unzureichenden Befriedigung der Kundenwünsche herleiten. Da sich der Browser durch die einfache Bedienung und den wenigen Einstellungsmöglichkeiten an den Nutzertyp „Klicker", „Cybergirl" und „Young Professional" richtet, ergibt sich hier der recht hohe Anteil, der auch in *Abbildung 5: Globale Marktanteile der Browserbetreiber* ersichtlich ist und sich an den Marktanteilen ablesen lässt. Microsoft kündigte jedoch an, in Zukunft jedes Jahr einen neuen Browser auf dem Markt anzubieten.[81]

---

[75] vgl. heise online, Internet Explorer 6 ist da, http://www.heise.de/newsticker/meldung/20624, Stand 03.01.2007
[76] vgl. Bager, J., Browser-Dämmerung, in c´t, 20.02.2006, S. 50-52
[77] vgl. Microsoft, Internet Explorer 6 Downloads,
http://www.microsoft.com/windows/ie/ie6/downloads/default.mspx, Stand 03.01.2007
[78] vgl. Microsoft, Die finale Version vom Internet Explorer 7 ist da!,
http://www.microsoft.com/germany/windows/ie/downloads/default.mspx, Stand 03.01.2007
[79] vgl. Bager, et al., Smarter Operator – Schöner surfen mit Opera 9, in c´t, 10.07.2006, S. 186-188
[80] vgl. Bager, J., Browser-Dämmerung, in c´t, 20.02.2006, S. 50-52
[81] vgl. Winfuture, Jedes Jahr eine neue Version des Internet Explorers,
http://www.winfuture.de/news,25626.html, Stand 03.01.2007

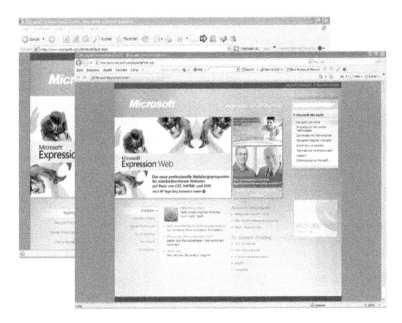

Abbildung 6: Benutzeroberfläche des IE 6 (im Hintergrund) und des IE 7 (im Vordergrund)

5.2. Leistungsangebot des Firefox

Der Firefox 2.0 wurde im Jahr 2006 kurz nach Veröffentlichung des neuen Internet Explorers zum download angeboten und steht für Windows, Linux sowie MacOS X zur Verfügung. Neben den erheblichen Innovationen der 1.x Reihe, wurde das Benutzeroberflächen-Design angepasst sowie einige weitere Funktionen wie beispielsweise die Benutzung der Tabs vereinfacht. Der Firefox bietet die Möglichkeit, eine Rechtsschreibhilfe für im Internet verfasste Texte zu aktivieren. Eine weitere Neuerung ist die verbesserte Sicherheit, die den Nutzern einen regelmäßig aktualisierten Phishing-Schutz bietet.[82]

Eine ähnlich detaillierte Konfiguration der Sicherheit wie beim Opera Browser, ist für den Nutzer nur durch die Installation von PlugIns möglich.[83]

Neben dem Browser bietet Mozilla ebenfalls einen E-Mail Client, den Thunderbird, zum freien Download an. Mit der Anwendung steht Mozilla in direkter Konkurrenz zu Outlook Express von Microsoft. Der E-Mail Client von Microsoft wird bei allen Win-

---

[82] vgl. Bager, J., Firefox 2.0 ist erschienen, in c´t, 30.10.2006, S.52
[83] vgl. Bager, et al., Smarter Operator – Schöner surfen mit Opera 9, in c´t, 10.07.2006, S. 186-188

dows Versionen kostenfrei mitgeliefert, bietet jedoch nicht so umfangreiche Sicherheits- und Spam-Einstellungsmöglichkeiten wie der Mozilla Thunderbird.[84]

Die PlugIns, die neben anderen AddOns wie Beispielsweise Extensions und Themes zum freien Download angeboten werden, sind ein zentraler Bestandteil des Firefox.[85] Mozilla ermöglicht durch die stetige Entwicklung durch freie Programmierer die Bedürfnisbefriedigung der Nachfrager. Wie bereits unter Gliederungspunkt *4.1 Das Nachfragermodell* segmentiert, richtet sich das Angebot von Mozilla an alle Nutzertypen. Die Nutzertypen „Klicker", „Cybergirl" und der „Young Professional" erhalten mit dem Download das Grundpaket. Durch die erweiterten Möglichkeiten der AddOns bietet Mozilla besonders den Nutzertypen „Profi", „Praktiker" und „Gameboy" aufgrund des hohen Bildungsstandes und der Erfahrungen mit Computer und Internet einen flexiblen Browser an.

Abbildung 7: Benutzeroberfläche des Firefox

---

[84] vgl. Dunkhase, G., Thunderbird: Der Rivale von Outlook Express, in Tomorrow, Februar 2005, S. 106-107
[85] vgl. mozilla.org, Firefox Add-ons, https://addons.mozilla.org/, Stand 03.01.2007

5.3. Leistungsangebot des Opera

Der aktuellste Browser von Opera liegt in der Version 9 vor und bietet eine Reihe von Einstellungsmöglichkeiten der Software gegenüber anderen Browsern. Außerdem ist die aktuelle Programmversion für die Betriebssysteme Windows, Solaris, QNX, OS/2, MacOS, Linux, FreeBSD und BeOS verfügbar[86]. Ein wichtiger Aspekt bei Browsern sind die Sicherheitseinstellungen, bei der der Opera Browser eine genaue Anpassung der Software ermöglicht. Als Besonderheit weist der Browser die Einbindung von Widgets („Dingens oder Dingsbums") auf. Hierbei handelt es sich um kleine Anwendungen wie beispielsweise eine Uhr, einen Taschenrechner etc. die von Benutzern mit Standardtechniken wie HTML, CSS und Javascript erstellt werden können.[87]

Opera 9 bietet einen E-Mail Client an, der beim Download und der Installation bereits enthalten ist. Allerdings traten hier einige Probleme bei Nutzern auf.[88]

Da der Opera zwar bei den Standardfunktionen einfach zu bedienen ist, richtet sich die Anwendung an alle der in Gliederungspunkt *4.1 Das Nachfragermodell* behandelten Nutzer. Aufgrund der starken technischen und webtechnischen Ausrichtung, richtet sich die angebotene Leistung jedoch verstärkt an Nutzer wie den „Profi" und den „Gameboy".

Abbildung 8: Benutzeroberfläche des Opera

---

[86] vgl. Opera Software, Download, http://www.opera.com/download/index.dml?custom=yes, Stand 03.01.2007
[87] vgl. Bager, et al., Smarter Operator – Schöner surfen mit Opera 9, in c´t, 10.07.2006, S. 186-188
[88] ebenda, S. 186-188

5.4. Leistungsangebot des Safari

Wie unter Gliederungspunkt *6. Das Distributionsmodell* beschrieben, wird der Safari Browser ausschließlich in Verbindung mit Apples MacOS Betriebssystem angeboten[89]. Aktuelle Updates können sich die Nutzer auf der Apple Seite direkt herunterladen, wobei die aktuellste Version 2.0.1 des Browser im August 2005 veröffentlicht wurde[90].

Neben den Standardbrowserfunktionen wie das integrieren von RSS und navigieren mit Tabs, bietet der Browser laut Apple schnellere Ladezeiten und ausgeprägte Sicherheitsfunktionen, die besonders Kinder vor ungeeigneten Inhalten schützen sollen. Aufgrund des Alleinstellungsmerkmals MacOS Betriebssystem, spricht das Leistungsangebot des Safari den „Profi", und den „Praktiker" aufgrund der Einkommens- und Bildungsrestriktion an.[91]

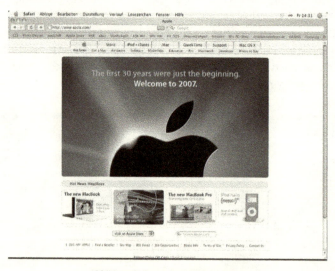

Abbildung 9: Benutzeroberfläche Safari

---

[89] vgl. Apple, Safari RSS, http://www.apple.com/de/macosx/features/safari/, Stand 03.01.2007
[90] vgl. Apple, Support, http://www.apple.com/support/downloads/safariupdate201.html, Stand 03.01.2007
[91] vgl. Apple, Safari RSS, http://www.apple.com/de/macosx/features/safari/, Stand 03.01.2007

6. Das Distributionsmodell

Beim Distributionsmodell wird festgestellt, ob die Browsersoftware in digitaler oder semi-digitaler Form an den Kunden ausgeliefert wird. Die digitale Form sieht dabei den ausschließlichen Vertrieb über das Internet vor, die semi-digitale Form ist die Bereitstellung der Software auf CD.[92]

Browserbezeichnung	Digitales Gut	Semi-digitales Gut
Internet Explorer	✓	✗
Mozilla Firefox	✓	✓
Netscape	✓	✗
Opera	✓	✗
Safari	✗	✓

Tabelle 2: Gütersystematisierung der Bereitstellung[93]

Wie aus der Tabelle entnommen werden kann, stellen fast alle Browserbetreiber ihre Produkte als digitales Gut über das Internet zur Verfügung.

Ausschließlich der Safari Browser von Apple wird mit dem Apple-Computer spezifischem Betriebssystem direkt distribuiert und bietet keine Bereitstellung als digitales Gut über das Internet (siehe *4.2.2.5 Profil Apple Safari*).

Wenn vom Safari Browser als Sonderfall abgesehen wird, bietet Mozilla als einziger Browserbetreiber die Software als digitales Gut im Internet, als auch als semi-digitales Gut in Form einer CD im Internet Store an.[94]

Die aktuelle Internet Explorer 7 Version wird bei Nutzern des Windows XP Betriebssystem mit Service Pack 2[95] als automatisches Update zur Verfügung gestellt. Nach der Installation bleiben jedoch die Einstellungen des Standardbrowsers unberührt.[96]

---

[92] vgl. Tamm, a.a.O., S. 61
[93] vgl. Microsoft, http://www.microsoft.com/germany/windows/ie/default.mspx, Mozilla, http://www.mozilla.com/en-US/firefox/, Netscape, http://www.netscape.de/netscapeprodukte/netscape71/download.html, Opera, http://www.opera.com/products/desktop/?htlanguage=de/, Apple, http://www.apple.com/de/macosx/features/safari/, Stand 27.12.2006
[94] vgl. Mozilla.org, The Mozilla Store, http://intlstore.mozilla.org/, Stand 27.12.2006
[95] vgl. Bager, J., IE 7 kommt per Windows-Update, in c´t, 07.08.2007, S. 57
[96] vgl. Bager, J., Browser-Dämmerung, in c´t, 20.02.2006, S. 50-52

7. Kapitalmodell

In dieser Ausarbeitung soll unter dem Kapitel Kapitalmodell das Erlösmodell detaillierter erläutert werden. Das Finanzierungsmodell soll im Zusammenhang mit dem Beschaffungsmodell und dem Leistungserstellungsmodell aufgrund der internen Beziehungen und der geringeren Bedeutung der Aussagekraft nicht näher beleuchtet werden.

7.1. Preisstrategie

Um den Markt erfolgreich zu durchdringen, haben zum heutigen Zeitpunkt alle erfolgreichen Browserbetreiber die „Follow-the-Free" Preisstrategie gewählt. Die Follow-the-Free Strategie hat sich aus der bereits vorhandenen „Penetrations- und Abschöpfungsstrategie" entwickelt, bei der ein Anbieter das Produkt zu einem niedrigen Preis auf dem Markt anbietet.[97]

Durch die intensive Marktdurchdringung werden den Wettbewerben Marktanteile vorenthalten, bis der Markt durch den Anbieter der die Penetrationsstrategie nutzt, gänzlich eingenommen wird.[98] Die Penetrationsstrategie findet meistens unter den Voraussetzung geringer Alleinstellungsmerkmale und intensiver Konkurrenz Anwendung, da sich durch hohe Abnahmezahlen kostensenkende Effekte einstellen und der Preis weiterhin abgesenkt werden kann.[99]

Die Follow-the-Free Strategie geht noch einen Schritt weiter, hier offeriert der Anbieter sein Produkt gänzlich kostenlos. Das erste sehr erfolgreiche Beispiel der Anwendung der Follow-the-Free Strategie war Netscape im Jahr 1995. In diesem Jahr bot Netscape erstmalig den Browser kostenlos an, wobei der Marktanteil auf 80 % anstieg. Zum Einen ist dieser enorme Anstieg nur zum Teil auf die gewählte Strategie zurückzuführen, zum Anderen hatte die Tatsache, dass es keinen vergleichbaren Browser auf dem Markt gab, einen erheblichen Einfluss auf den Erfolg des Netscape Navigators. Da mit dem Browser direkt kein Erlös generiert wurde, konnte das Unternehmen durch den Börsengang am 8. August und dem großen Erfolg auf dem Browsermarkt viele Anleger zum Kauf von Wertpapieren bewegen – die Aktie stieg von 28 US $ auf 170 US $.[100]

---

[97] vgl. Zerdick, A., et al., Die Internet-Ökonomie – Strategien für die digitale Wirtschaft, in Springer-Verlag, 3. Auflage, 2001, S. 191 ff.
[98] vgl. Scharf, A., et al., Marketing – Einführung in Theorie und Praxis, in Schäffer-Poeschel Verlag, 3. Auflage, 2001, S. 187 ff.
[99] vgl. Zerdick, a.a.O., S. 192
[100] ebenda, S. 191

Browserbezeichnung	Kostenlose Version	Kostenpflichtige Version
Internet Explorer	✓	✗
Mozilla Firefox	✓	6,68 Euro
Netscape	✓	✗
Opera	✓	24,00 Euro
Safari	Wird nur mit dem Betriebssystem verkauft.	

Tabelle 3: Preisstruktur der unterschiedlichen Browser[101]

7.2. Erlösgenerierung der Browserbetreiber

Im Folgenden soll die Erlösgenerierung der Browserbetreiber nach der Erlösmodell-systematik in vier Formen untergliedert werden:

	Direkte Erlösgenerierung	Indirekte Erlösgenerierung
Transaktionsab-hängig	Internet Explorer Firefox Opera Safari	Firefox Opera
Transaktionsunab-hängig	Opera	Firefox

Tabelle 4: Einordnung der Browserbetreiber in die Erlösmodellsystematik[102]

Da der **Internet Explorer** mit dem Windows Betriebssystem verkauft wird[103], ist der Browser als Teil eines kostenpflichtigen Gesamtangebots zu sehen und damit zum Teil (abgesehen vom kostenlosen Download) in die Kategorie direkte und transakti-onsabhängige Erlösgenerierung einzuordnen. Über die Nutzung von Provisionen ü-ber das im Browser integrierte Suchfeld und die damit verbundene indirekte und transaktionsabhängige Erlösgenerierung, konnten keine Informationen gefunden werden.[104]

---

[101] vgl. Microsoft, http://www.microsoft.com/germany/windows/ie/default.mspx, Mozilla, http://www.mozilla.com/en-US/firefox/, Netscape, http://www.netscape.de/netscapeprodukte/netscape71/download.html, Opera, http://www.opera.com/products/desktop/?htlanguage=de/, Apple, http://www.apple.com/de/macosx/features/safari/, Stand 27.12.2006
[102] vgl. Wirtz, a.a.O., S. 215, ergänzte grafische Aufbereitung
[103] vgl. Microsoft, Windows Vista, http://www.microsoft.com/germany/windows/windowsvista/features/foreveryone/ie7.mspx, Stand 05.01.2007
[104] vgl. Wirtz, B., Electronic Business, in Gabler Verlag, Wiesbaden, 2. Auflage, 2001, S. 215

Mozilla nutzt die transaktionsabhängige und direkte Erlösgenerierung in Form des Verkaufs der Software in Form einer CD ohne weitere Zusatzfunktionen wie beim Download sowie den Verkauf von Büchern, Kleidung und anderen Merchandise Produkten im eigenen Onlinestore[105].[106]

Als indirekte Erlösgenerierung nutzt Mozilla transaktionsabhängig die Suchfunktionszeile im Browser. Bei jedem erfolgreich vermittelten Kunden erhält Mozilla eine Provision von Yahoo, Amazon oder eBay[107]. Als transaktionsunabhängige und indirekte Erlösgenerierung erzielt Mozilla Einnahmen durch freiwillige Spenden, die auf der Webseite angeboten werden.[108]

Abbildung 10: Erlösgenerierung durch das Suchfeld am Beispiel Firefox

Die Erlösgenerierung der **Opera Software ASA** erfolgt zum einen durch die direkte Erlösgenerierung. Hier werden Erlöse zum einen transaktionsabhängig in Form von direkten Verkäufen der Software für mobile Endgeräte und zum anderen transaktionsunabhängig durch den Premium Support, bei dem Installation und Update von Opera übernommen wird, erzielt[109].[110]

Im Weiteren nutzt Opera die indirekte Erlösgenerierung in transaktionsunabhängiger Form. Dabei integriert Opera genau wie Mozilla das Sucheingabefeld, um bei jeder Suchanfrage des Browsernutzers in Verbindung mit einem vermittelten Geschäft eine Provision zu erhalten[111].[112]

Ähnlich wie der Internet Explorer von Microsoft, kann auch der **Safari** von **Apple Computer Inc.** der direkten transaktionsabhängigen Erlösgenerierung aufgrund des ausschließlichen Verkaufs mit dem Betriebssystem zugeordnet werden.

---

[105] vgl. Mozilla.org, The Mozilla Store, http://intlstore.mozilla.org/, Stand 04.01.2007
[106] vgl. Wirtz, B., Electronic Business, in Gabler Verlag, Wiesbaden, 2. Auflage, 2001, S. 215
[107] vgl. Waldenmaier, N., Focus online, „Microsoft soll uns kopieren"
http://www.focus.de/digital/netguide/firefox_nid_31591.html, Stand 16.12.2006
[108] vgl. Wirtz, a.a.O., S. 215
[109] vgl. Opera Software, Buy, http://www.opera.com/buy/, Stand 04.01.2007
[110] vgl. Wirtz, a.a.O., S. 215
[111] vgl. Opera Software Annual Report 2005 (Verfügbar auf
http://www.opera.com/company/investors/finance/2005/ann_rep_numbers.pdf, Stand 04.01.2007), S. 18
[112] vgl. Wirtz, a.a.O., S. 215

7.3. Erfolgskennzahlen der Browserbetreiber

Die Erfolgskennzahlen sollen an dieser Stelle verdeutlichen, in welchen Größendimensionen sich die Unternehmen bei der Gewinnerzielung bewegen und evtl. Rückschlüsse auf die Erfolgsfaktoren zulassen.

Microsoft erwirtschaftete im Jahr 2005 nach Bilanzierung des US GAAP einen Cashflow von 12.513.530.000 US $. Dabei liegt das Kerngeschäft, wie bereits unter Gliederungspunkt *4.2.2.1 Profil Microsoft Internet Explorer* erwähnt, im Verkauf von Anwendungssoftware. Im Vergleich zu 2004 konnte Microsoft seinen Cashflow um 13,5 % erhöhen. Im Vergleich zu 2003 beträgt die Erhöhung 5,1 %.[113]

Die **Opera Software ASA** erwirtschaftete im Jahr 2005 einen Cashflow von 34.642,68 US $, wobei ein Rückgang des Cashflows um 9,4 % im Vergleich zum Vorjahr zu verzeichnen ist. Das Unternehmen erwirtschaftete im Jahr 2005 Verluste aus der operativen Tätigkeit in Höhe von 5.638,49 US $ und hat diese mit der Aufnahme von weiteren Verbindlichkeiten sowie der Erhöhung des Eigenkapitals ausgeglichen.[114]

Apple Computer Inc. erzielte im Geschäftsjahr 2005 einen Cashflow von 3.491.000.000 US $, wobei auch Apple eine Steigerung von 17,58 % erreicht hat. Ähnlich wie Microsoft, ist Apples Kerngeschäft nicht die Verbreitung des Browsers, sondern der Verkauf von Hard- und Software. So sind die Erfolgsgrößen nicht repräsentativ für den Absatz des Browsers und nur als kleiner Teil des ganzen zu betrachten.[115]

---

[113] vgl. Onvista, MICROSOFT CORP. REGISTERED SHARES DL-,00...,
http://aktien.onvista.de/guv.html?ID_OSI=87089, Stand 04.01.2007
[114] vgl. Opera Software Annual Report 2005 (Verfügbar auf
http://www.opera.com/company/investors/finance/2005/ann_rep_numbers.pdf, Stand 04.01.2007), S. 13 ff.
[115] vgl. Apple, Investor Relations, 2005 10-K Annual Report (Verfügbar auf http://media.corporate-ir.net/media_files/irol/10/107357/reports/10K_FY2005.pdf, Stand 04.01.2007), S. 64

Da es sich bei **Mozilla** um eine gemeinnützige Organisation und um ein nicht bör-sennotiertes Unternehmen handelt, liegen keine offiziellen Bilanzzahlen vor. Chief Lizard Wrangler Mitchell Baker gab in ihrem Blog bekannt, dass die Einnahmen sich im Jahr 2005 auf 52.900.000 US $ beziffern. Dieser Betrag läßt sich zum Großteil auf die Provisionseinnahmen der Suchmaschinen zurückführen. Andere Quellen sind der Internethandel mit Merchandise-Produkten und Zinseinkünfte.[116]

---

[116] vgl. Weblogs mozillaZine,
http://weblogs.mozillazine.org/mitchell/archives/2007/01/the_mozilla_foundation_achievi.html, Stand 05.01.2007

8. Schlussbetrachtung

Wie bereits unter Gliederungspunkt „4.2.2 Wichtige Browserbetreiber" ermittelt, ist der Internet Explorer zur Zeit der führende und am weitest verbreitete Browser. Microsoft hat durch die Anwendung der Follow-the-Free Strategie den Internet Explorer versucht, möglichst intensiv zu verbreiten. Wie bereits unter Gliederungspunkt *4.2.2.2 Profil Netscape Navigator* erwähnt, hat Microsoft dazu den Internet Explorer in andere Produkte implementiert oder in Produktpakete hinzugefügt.

Microsoft hat durch diese Koppelung mit anderen Softwareprodukten durchaus indirekte Netzeffekte erzeugt. Durch die feste Koppelung mit den Windows Betriebssystemen hat der Internet Explorer eine Systemfunktion bekommen, die aus dem Browser einen festen Bestandteil gemacht haben.

Durch die monopolartige Verbreitung der übrigen Software von Microsoft, wie Beispielsweise den Betriebssystemen oder dem Office Paket, konnten eben diese positiven Effekte durch die starke Inanspruchnahme des Internet Explorers durch die Nutzer erreicht werden.

Diese Netzeffekte widersprechen den klassischen ökonomischen Gesetzmäßigkeiten, die eine Marktpreisbildung durch den Preismechanismus[117] gänzlich außer Kraft setzten. Der Wert eines Gutes wird durch die auf dem Markt abgesetzte Masse bestimmt und nicht mehr durch Angebot und Nachfrage geregelt.[118]

Im Weiteren hat sich Microsoft mit dem Internet Explorer das „Law of Increasing Returns" zunutze gemacht. Dieses Gesetz geht von sehr hohen einmaligen Fixkosten bei der Erstellung der Software aus, bei der die Erstkopiekosten sehr hoch sind. Beim Netscape Navigator betrugen diese Erstkopiekosten 30 Mio. US $, wobei jede weitere Kopie nur 1 US $ kosteten.[119] Microsoft hat diesen Effekt durch die seltenen neuen Programmversionen (siehe *5.1 Leistungsangebot des Internet Explorers*) genutzt.

Mozilla nutzt durch den hohen Einsatz freiwilliger Programmierer die direkten Netzeffekte des Browsers. Ein wichtiger Erfolgsfaktor ist das kundenorientierte Angebot an zusätzlichen AddOns. Mittels dieser Möglichkeit wird jeder Nutzer in die Lage versetzt, sich ein eigenes Produkt nach eigenen Bedürfnissen zusammen zu stellen.

---

[117] vgl. Kortmann, W., Mikroökonomik – Anwendungsbezogene Grundlagen, in Physica-Verlag, Heidelberg 3. Auflage, 2002, S. 418
[118] vgl. Fritz, a.a.O., S.75
[119] ebenda, S. 75

Mittels der steigenden Nutzerzahl, erhöht sich der damit verbundene Netzeffekt und der bereits angesprochene Nutzen des Browsers.

Ausschlaggebend für den Erfolg eines Produktes besonders in der Internetökonomie ist der Kritische-Masse-Punkt. Vor diesem Punkt verlaufen die Zuwächse zunächst recht langsam. Wird dieser Punkt jedoch überschritten, steigt die Verbreitung des Produktes expotentiell an.[120]

Da der Kritische-Masse-Punkt jedoch nicht ex-post bestimmt werden kann, ist ein Rückschluss auf den Mozilla Firefox zum jetzigen Zeitpunkt nicht möglich.

---

[120] vgl. Fritz, a.a.O., S. 77

Literatur- und Quellenverzeichnis

Abts, A. et al., Grundkurs Wirtschaftsinformatik, in Vieweg, Braunschweig et al., 4. Auflage, 2002

Fritz, W., Internet-Markting und Electronic Commerce, in Gabler Verlag, 2. Auflage, 2001

Kortmann, W., Mikroökonomik – Anwendungsbezogene Grundlagen, in Physica-Verlag, Heidelberg 3. Auflage, 2002

Quittner, J. et al, Speeding the Net, in The Orion Publishing Group, 1. Auflage, 1998

Reichwein, T., Netscape 6, in SmartBooks Publishing AG, 1. Auflage, 2001

Scharf, A., et al., Marketing – Einführung in Theorie und Praxis, in Schäffer-Poeschel Verlag, 3. Auflage, 2001

Timmers, P., Electronic Commerce, in John Wiley & Sons, Inc., New York, Reprinted February 2000

Tamm, G. et al, Webbasierte Dienste, in Physica-Verlag, Heidelberg, 1. Auflage, 2005

Zerdick, A., et al., Die Internet-Ökonomie – Strategien für die digitale Wirtschaft, in Springer-Verlag, 3. Auflage, 2001

Wirtz, B., Electronic Business, in Gabler Verlag, Wiesbaden, 2. Auflage, 2001

Zeitschriften

Bager, J., IE 7 kommt per Windows-Update, in c´t, 07.08.2006, S. 57

Bager, J., Browser-Dämmerung, in c´t, 20.02.2006, S. 50-52

Bager, et al., Smarter Operator – Schöner surfen mit Opera 9, in c´t, 10.07.2006, S. 186-188

Bager, J., Firefox 2.0 ist erschienen, in c´t, 30.10.2006, S.52

Dunkhase, G., Thunderbird: Der Rivale von Outlook Express, in Tomorrow, Februar 2005, S. 106-107

Rüb, C., Glanz in Weiß, in Tomorrow, Juni 2006, S. 47-51

Onlinequellen

Old-, New-, Internet- Ökonomie, http://www.wirtschaft.fh-dortmund.de/%7Emittmann/internet/i3.htm, Stand 11.11.2006

c´t, Das erste Steinchen, http://www.heise.de/ct/03/10/064/, Stand 11.11.2006

NCSA, Images , http://www.ncsa.uiuc.edu/News/Images/, Stand 15.11.2006

heise online, 10 Jahre Mosaic, http://www.heise.de/newsticker/meldung/41870, Stand 29.11.2006

FR 5.6 Informationswissenschaften, Browserkrieg – Microsoft gegen Netscape, http://server02.is.uni-sb.de/courses/ident/kontroverses/browserkrieg/, Stand 02.12.2006

Mozilla.org, Mozilla Firefox 1.0 Roadmap, http://www.mozilla.org/projects/firefox/roadmap-1.0.html, Stand 9.12.2006

Thecounter.com, Global Stats, http://www.thecounter.com/stats/, Stand 11.12.2006

Thecounter.com, Browser Stats, http://www.thecounter.com/stats/2004/May/browser.php, Stand 11.12.2006

heise online, Microsoft von AOL verklagt, http://www.heise.de/newsticker/meldung/24214, Stand 13.12.2006

heise online, Microsoft zahlt 750 Millionen US-Dollar an AOL Time Warner, http://www.heise.de/newsticker/result.xhtml?url=/newsticker/data/anw-30.05.03-000/default.shtml&words=AOL%20Microsoft%2050, Stand 13.12.2006

Anleitung für Mozilla Firefox & Thunderbird, http://mozilla-anleitung.de/Mozilla/Allgemeines.php, Stand 13.12.2006

heise online, Auferstanden: Netscape 7.2 in den Startlöchern, http://www.heise.de/newsticker/meldung/46599, Stand 13.12.2006

heise online, Websuite Netscape 7.2 zum Download freigegeben, http://www.heise.de/newsticker/meldung/50131, Stand 13.12.2006

Netscape, Netscape 8.1.2 Product Info,
http://browser.netscape.com/ns8/product/default.jsp, Stand 16.12.2006

mozilla.org, About the Mozilla Foundation, http://www.mozilla.org/foundation/, Stand
16.12.2006

mozilla.org, MOZILLA.ORG ANNOUNCES LAUNCH OF THE MOZILLA FOUNDA-
TION
TO LEAD OPEN-SOURCE BROWSER EFFORTS,
http://www.mozilla.org/press/mozilla-foundation.html, Stand 16.12.2006

Waldenmaier, N., Focus online, „Microsoft soll uns kopieren",
http://www.focus.de/digital/netguide/firefox_nid_31591.html, Stand 16.12.2006

mozilla.org, Mozilla Fast Facts, http://www.mozilla.org/about/fast-facts, Stand
19.12.2006

FAZ, Mozilla-Stiftung fordert Microsoft heraus,
http://www.faz.net/s/RubEC1ACFE1EE274C81BCD3621EF555C83C/Doc~E5BC4D
00E443642AA9C091A0AFCF0F007~ATpl~Ecommon~Scontent.html, Stand
19.12.2006

mactopia, Microsoft Internet Explorer for Mac,
http://www.microsoft.com/mac/products/internetexplorer/internetexplorer.aspx?pid=in
ternetexplorer, Stand 24.12.2006

Developer Connection, Open Source WebKit,
http://developer.apple.com/opensource/internet/webkit.html, Stand 24.12.2006

Golem, KDE-Entwickler verärgert über Apple, http://www.golem.de/0504/37799.html,
Stand 24.12.2006

Mozilla.org, The Mozilla Store, http://intlstore.mozilla.org/, Stand 27.12.2006

ECIN, Internet-Nutzer weltweit, http://www.ecin.de/news/2006/01/09/09064/?rcol,
Stand 28.12.2006

ECIN, Internetnutzung – ja wo surfen sie denn?,
http://www.ecin.de/marktbarometer/internetnutzung/, Stand 28.12.2006

Opera Software, About Opera, http://www.opera.com/company/about/, Stand 29.12.2006

Opera Software, Executive Team, http://www.opera.com/company/about/executives/, Stand 29.12.2006

Opera Software, Milestones, http://www.opera.com/company/about/milestones/, Stand 29.12.2006

Opera Software, Opera Software ASA – Fast Facts, http://www.opera.com/press/facts/, Stand 02.01.2007

Opera Software, Opera for Nintendo, http://www.opera.com/products/devices/nintendo/, Stand 02.01.2007

Opera Software, Opera for Devices™, http://www.opera.com/products/devices/, Stand 02.01.2007

heise online, Internet Explorer 6 ist da, http://www.heise.de/newsticker/meldung/20624, Stand 03.01.2007

Microsoft, Internet Explorer 6 Downloads, http://www.microsoft.com/windows/ie/ie6/downloads/default.mspx, Stand 03.01.2007

Winfuture, Jedes Jahr eine neue Version des Internet Explorers, http://www.winfuture.de/news,25626.html, Stand 03.01.2007

Opera Software, Download, http://www.opera.com/download/index.dml?custom=yes, Stand 03.01.2007

Microsoft, Die finale Version vom Internet Explorer 7 ist da!, http://www.microsoft.com/germany/windows/ie/downloads/default.mspx, Stand 03.01.2007

mozilla.org, Firefox Add-ons, https://addons.mozilla.org/, Stand 03.01.2007

Golem.de, Netscape 8.1: Browser mit speziellem Sicherheitsbereich, http://www.golem.de/0601/42955.html, Stand 03.01.2007

Netscape 7.1, http://www.netscape.de/netscapeprodukte/netscape71/download.html, Stand 03.01.2007

Apple, Support, http://www.apple.com/support/downloads/safariupdate201.html, Stand 03.01.2007

Apple, Safari RSS, http://www.apple.com/de/macosx/features/safari/, Stand 03.01.2007

Onvista, MICROSOFT CORP. REGISTERED SHARES DL-,00..., http://aktien.onvista.de/guv.html?ID_OSI=87089, Stand 04.01.2007

Opera Software, Buy, http://www.opera.com/buy/, Stand 04.01.2007

Marson, I., ZDNet, Mozilla revenue speculation erupts, http://news.zdnet.com/2100-9588_22-6048377.html, Stand 04.01.2007
vgl. Mozilla.org, The Mozilla Store, http://intlstore.mozilla.org/, Stand 04.01.2007

Microsoft, Windows Vista, http://www.microsoft.com/germany/windows/windowsvista/features/foreveryone/ie7.mspx, Stand 05.01.2007

Weblogs mozillaZine, http://weblogs.mozillazine.org/mitchell/archives/2007/01/the_mozilla_foundation_achievi.html, Stand 05.01.2007

Microsoft, http://www.microsoft.com/germany/windows/ie/default.mspx, Mozilla, http://www.mozilla.com/en-US/firefox/, Netscape, http://www.netscape.de/netscapeprodukte/netscape71/download.html, Opera, http://www.opera.com/products/desktop/?htlanguage=de/, Apple, http://www.apple.com/de/macosx/features/safari/, Stand 27.12.2006

Sonstige Quellen

Laufner, W, Beschreibende Statistik, Vorlesungsskript WS 2003, Modul 13

Verfasser unbekannt, Information for Students, Fast Facts
(Verfügbar auf:
http://www.microsoft.com/about/companyinformation/visitorcenter/student.mspx,
Stand 13.12.2006)

Verfasser unbekannt, Information for Students, Biography: William H. Gates, Chairman and Chief Software Architect
(Verfügbar auf:
http://www.microsoft.com/about/companyinformation/visitorcenter/student.mspx,
Stand 13.12.2006)

Opera Software Annual Report 2005 (Verfügbar auf
http://www.opera.com/company/investors/finance/2005/ann_rep_numbers.pdf, Stand
04.01.2007)

Apple, Investor Relations, 2005 10-K Annual Report (Verfügbar auf
http://media.corporate-ir.net/media_files/irol/10/107357/reports/10K_FY2005.pdf,
Stand 04.01.2007)

www.ingramcontent.com/pod-product-compliance
Lightning Source LLC
La Vergne TN
LVHW042302060326
832902LV00009B/1211